ORDONNANCE
DU ROI,

concernant les Milices Garde-côtes de la Province de Bretagne.

Du 30 Juin 1759.

DE PAR LE ROI.

SA MAJESTÉ s'étant fait repréfenter fon ordonnance du 25 février 1756, concernant les Milices Garde-côtes de la province de Bretagne, Elle auroit reconnu qu'il étoit indifpen-le pour le bien de fon fervice, & l'avantage particulier ladite province, d'y faire quelques changemens & additions, rappelant dans la préfente ordonnance les difpofitions de le du 25 février qui doivent fubfifter: Sur quoi voulant pliquer plus particulièrement fes intentions, SA MAJESTÉ ordonné & ordonne ce qui fuit :

ARTICLE PREMIER.

TOUS les habitans non claffés dans les paroiffes Garde-

A

côtes de la province de Bretagne, depuis l'âge de feize a
jufqu'à foixante, continueront d'être affujétis·au fervice de
Garde-côte, & lefdites paroiffes feront exemptes comme p
le paffé, de fournir des hommes pour les Milices de terre.

I I.

LA Garde-côte de ladite province continuera d'être co
pofée de vingt Capitaineries, non compris·celles des if
de Belle-ifle en mer, Hedic, Houat, Groix, l'ifle des Sain
Molènes, Oueffant, ifle de Bas, ifle Grande & ifle
Brehat; la divifion & l'étendue de ces Capitaineries fero
fixées par un règlement particulier.

I I I.

IL fera établi un Infpecteur pour la direction & le cor
mandement defdites vingt Capitaineries, lequel, fous l'a
torité de l'Amiral de France, & les ordres du Gouverne
général & du Commandant général dans la province, rend
compte de toutes fes opérations au Secrétaire d'État aya
le département de la guerre.

I V.

LES bataillons formés de compagnies détachées des M
lices Garde-côtes, prendront rang avec les régimens
bataillons de fon Infanterie françoife & étrangère, ainfi qu
eft porté par l'ordonnance du 15 mai 1758, & ils préc
deront en toutes marches & occafions de guerre, les rég
mens & bataillons qui feront d'une création poftérieure, fu
vant la règle établie dans fon Infanterie; & en conféquenc
les Officiers defdits bataillons, dont Sa Majefté règle ci-apr
les grades & le rang, en les affimilant à ceux des Office
de fon Infanterie, commanderont aux Officiers de mên
grade des troupes d'Infanterie qui feront levées à l'avenir.

V.

LES Capitaines généraux auront rang de Commandant le bataillon ; les Majors des Capitaineries & les Capitaines des compagnies détachées, auront rang de Capitaine, & marcheront avec les Capitaines d'Infanterie ; les Aides-majors auront rang de Lieutenant d'Infanterie jufqu'à ce qu'il ait plu à Sa Majefté de leur accorder le rang de Capitaine dont ils pourront être fufceptibles par l'application qu'ils montreront dans l'exercice de leurs fonctions ; alors ils marcheront avec les Capitaines d'Infanterie ; & les Lieutenans defdites compagnies détachées auront rang de Lieutenant, & ils marcheront avec les Lieutenans d'Infanterie.

V I.

LES Officiers defdites milices Garde-côtes, qui auront fervi précédemment dans les troupes d'Infanterie, de Cavalerie & de Dragons, conferveront le rang des grades qu'ils y avoient ; & ils marcheront entr'eux à grade égal, fuivant les dates de leurs anciennes commiffions, lettres ou brevets, conformément à l'article VII de l'ordonnance du 15 mai 1758.

V I I.

JOUIRONT l'Infpecteur, les Capitaines généraux, Majors, Aides-majors & Capitaines de compagnies détachées, de l'exemption de tutelle, curatelle, nomination à icelles & autres charges de ville, & de tous les priviléges portés par l'article V du titre premier du règlement du 28 janvier 1716.

V I I I.

IL y aura à l'avenir dans chacune defdites vingt Capitaineries, dix compagnies détachées de cinquante hommes chacune, formant un bataillon de cinq cens hommes ; chacune defdites compagnies détachées fera commandée par

4

un Capitaine & un Lieutenant, lesquels auront rang entr'eux suivant la date de leurs commissions & lettres.

I X.

CHAQUE compagnie détachée sera composée de vingt-cinq Canonniers; savoir, un Sergent, un Caporal, un Anspessade, deux Canonniers-chefs & vingt Aides-canonniers; & d'un Sergent, deux Caporaux, deux Anspessades, un Tambour & dix-neuf Fusiliers.

X.

VEUT Sa Majesté que les Capitaines, Majors & Aides-majors desdites Capitaineries Garde-côtes, prennent sur leurs provisions & commissions, l'attache de l'Amiral de France, devant lequel ils prêteront serment, ou devant ses Lieutenans aux siéges d'Amirauté dans le ressort desquels ils seront établis, & y fassent enregistrer leurs provisions & commissions. Veut aussi Sa Majesté que les Capitaines des compagnies détachées prennent l'attache de l'Amiral de France sur leurs commissions, lesquelles seront enregistrées par extrait au greffe de l'Amirauté du ressort.

X I.

LES Officiers de l'État-major des Capitaineries, payeront pour tout droit de prestation de serment; savoir, les Capitaines généraux, la somme de six livres; les Majors, celle de cinq livres; & les Aides-majors, celle de trois livres.

X I I.

LES emplois d'Officiers de l'État-major des Capitaineries Garde-côtes & des compagnies détachées, seront donnés aux Officiers actuellement dans le service de la Garde-côte, qui ont ci-devant servi dans les troupes réglées, & qui se trouveront encore en état de servir; comme aussi à des Officiers retirés chez eux qui seront également en état de servir.

X I I I.

LE Gouverneur général de la province de Bretagne enverra au Secrétaire d'État ayant le département de la guerre, la présentation qu'il fera à Sa Majesté des Officiers pour les emplois qui feront à remplir dans l'État-major des Capitaineries & dans les compagnies détachées.

X I V.

LE Capitaine général de chaque Capitainerie ne proposera au Gouverneur général dans la province, les Officiers pour les places vacantes dans les compagnies détachées, qu'après qu'ils auront été agréés par l'Inspecteur.

X V.

L'INSPECTEUR ne pourra en temps de guerre s'absenter de son département pour plus d'un mois, sans en informer le Secrétaire d'État ayant le département de la guerre, à l'effet d'obtenir un congé de Sa Majesté, & il en préviendra en même temps le Gouverneur ou Commandant général de la province. Les Capitaines généraux des Capitaineries ne pourront aussi en temps de guerre s'absenter de l'étendue de leurs Capitaineries pour plus de quinze jours, sans en avoir obtenu la permission du Gouverneur ou Commandant général de la province. Lorsqu'ils feront dans le cas de s'absenter hors de ladite province, ils feront tenus de s'adresser à l'Inspecteur pour leur faire obtenir un congé de Sa Majesté, & ledit Inspecteur en préviendra préalablement le Gouverneur & le Commandant général. Les Majors, Aides-majors & autres Officiers des compagnies Garde-côtes ne pourront également en temps de guerre s'absenter de leur Capitainerie pour plus de quinze jours, sans avoir obtenu une permission de leurs Capitaines généraux, qui feront tenus d'en rendre

compte à l'Inspecteur; & pour plus d'un mois, sans une permission du Gouverneur ou Commandant général de la province, laquelle sera demandée pour eux par leur Capitaine général qui en rendra compte à l'Inspecteur; & lorsqu'ils seront
dans le cas de s'absenter hors de la province, leur Capitaine
général sera tenu de s'adresser à l'Inspecteur pour leur faire obtenir un congé de Sa Majesté, & ledit Inspecteur en préviendra
préalablement le Gouverneur & le Commandant général.

X V I.

VEUT Sa Majesté que pour dédommager les Officiers de
l'État-major des Capitaineries Garde-côtes, des dépenses qu'ils
seront obligés de faire à l'occasion de leur service, il leur
soit payé par année; savoir, à l'Inspecteur, trois mille six cens
livres; aux Capitaines généraux des Capitaineries, quatre cens
quatre-vingts livres; aux Majors, quatre cens vingt livres; &
aux Aides-majors, trois cens soixante livres, sur les fonds levés
& affectés par les États de la province pour l'entretien des
milices Garde-côtes.

X V I I.

POUR exciter tous les Officiers ci-dessus à remplir avec
zèle & exactitude les fonctions de leurs emplois, Sa Majesté
veut bien leur faire espérer de participer aux graces qu'Elle
accorde aux autres Officiers de ses troupes, sur le compte
qui sera rendu de leur conduite & de leurs actions au Secrétaire d'État ayant le département de la guerre.

X V I I I.

LES cinq cens hommes formant le bataillon de chaque
Capitainerie, seront pris sur tous les habitans sujets au service
de la Garde-côte, dans les paroisses qui seront affectées à
chaque Capitainerie par le règlement énoncé à l'article II
de la présente ordonnance, lequel fixera en même temps le

nombre d'hommes qui fera fourni par chaque paroiffe pour lefdites compagnies détachées, & déterminera les lieux d'affemblée, foit pour les revûes particulières de chaque compagnie, foit pour la revûe générale du corps des cinq cens hommes de chaque Capitainerie.

X I X.

Veut Sa Majefté que lefdites compagnies détachées ne foient compofées que d'habitans domiciliés dans les paroiffes & communautés fujettes à la Garde-côte; & en conféquence Elle défend d'admettre au fort les valets de campagne, bergers & autres gens qui n'ont point de domiciles fixés, lefquels feront néanmoins employés dans les compagnies du Guet, pour y faire le fervice comme les autres habitans pendant qu'ils y demeureront.

X X.

Les Charpentiers de navire, Calfats, Voiliers & autres ouvriers uniquement affectés au fervice de la Marine, ou à celui des particuliers qui équipent des vaiffeaux, tant en guerre qu'en marchandife, & defquels quoiqu'ils n'aillent pas à la mer, il eft tenu regiftre dans les Bureaux des claffes pour les envoyer travailler dans les Ports & Arfenaux de Sa Majefté, tant aux conftructions & radoubs de fes vaiffeaux, qu'à divers autres atteliers, ne feront point incorporés dans les compagnies détachées de la Garde-côte, mais feulement dans celles du Guet, quand ils ne feront point employés au fervice de Sa Majefté, & qu'ils fe trouveront chez eux, en juftifiant par des certificats des Intendans des Ports, ou Commiffaires généraux de la Marine, qu'ils font réellement employés conformément à l'énoncé ci-deffus.

X X I.

Il en fera ufé de même à l'égard des Tailleurs de

pierre, Maçons, Armuriers & autres ouvriers qui feront demandés pour le fervice des bâtimens civils de Sa Majefté dans les Arfenaux ou dans les Forts, lefquels ne feront point incorporés dans les compagnies détachées de la Garde-côte, mais feulement dans celles du Guet quand ils ne feront point employés au fervice de Sa Majefté & qu'ils fe trouveront chez eux; & lefdits ouvriers feront également tenus de rapporter des certificats des Ingénieurs & Officiers d'artillerie pour juftifier qu'ils font réellement employés.

X X I I.

IL fera libre aux habitans, depuis l'âge de feize ans jufqu'à trente-cinq, qui n'auront pas encore été à la mer, de s'engager s'ils le jugent à propos fur les navires qui font la courfe, le commerce & le cabotage, quand bien même ils auroient été incorporés dans les compagnies détachées, ou du Guet; bien entendu cependant qu'ils feront déclarés navigateurs, & comme tels fujets à être embarqués trois mois au plus tard après la déclaration qu'ils auront faite du deffein où ils feront de prendre le parti de la navigation, fans quoi ils feront rétablis fans difficulté dans leur compagnie, & y continueront leur fervice.

X X I I I.

LES Tréforiers ou Marguilliers, les Syndics ou Procureurs-terriens, & les Collecteurs des deniers royaux, au nombre ordinaire, ne feront point non plus incorporés dans les compagnies détachées Garde-côtes, ni même dans celles du guet, pendant l'année de leur exercice feulement.

X X I V.

LE fervice des Sergens, Caporaux, Anfpeffades, Canonniers, Fufiliers & Tambours, dans les compagnies détachées

Garde-côtes, fera de cinq années confécutives, après lefquelles ceux qui auront fervi pendant cinq ans, feront licenciés.

X X V.

SERONT par préférence, admis au fort, les garçons, depuis l'âge de dix-huit ans jufqu'à quarante-cinq, de la hauteur de cinq pieds fans chauffure, & les plus propres au fervice; & au défaut des garçons, les hommes mariés y feront affujétis, jufqu'à l'âge de quarante-cinq ans accomplis.

X X V I.

LES garçons ou hommes mariés, propres au fervice, qui fe préfenteront de bonne volonté, pour fervir cinq ans dans lefdites compagnies détachées, feront admis fans tirer au fort, & le nombre de ceux à faire tirer au fort dans la paroiffe de laquelle ils feront habitans, fera diminué jufqu'à concurrence.

X X V I I.

DÉFEND Sa Majefté, à ceux auxquels le fort fera tombé pour le fervice dans lefdites compagnies détachées, de fe difpenfer dudit fervice, en mettant à leur place d'autres hommes de la même paroiffe ou autre, excepté le jour même du remplacement, où cette fubftitution pourra avoir lieu pour celui à qui le fort fera tombé, & qui préfentera fur le champ un homme de la même paroiffe, & ce avec l'agrément du Capitaine général de la Capitainerie.

X X V I I I.

LE licenciement devant être fait chaque année, des dix hommes par compagnie qui auront rempli leurs cinq années de fervice, & le cas ne pouvant fe rencontrer pendant les quatre premières années, ceux qui par maladie ou autrement, feroient les moins propres au fervice, feront licenciés par préférence; mais après lefdites quatre années révolues, on

A v

licenciera ceux qui auront rempli leurs cinq années de service, & les remplacemens se feront non seulement des dix hommes licenciés, mais aussi de ceux qui se trouveroient manquer par mortalité ou autrement.

X X I X.

LESDITS remplacemens seront faits par la voie du sort, & seront à la charge des paroisses de ceux qui auront été licenciés, ou qui par mortalité ou autrement se trouveront manquer, sans qu'une autre paroisse soit tenue d'y contribuer, de manière que chaque paroisse ait toûjours dans la compagnie détachée à laquelle elle devra fournir, le nombre d'hommes portés par le règlement qui sera rendu pour la division des Capitaineries & pour celles des compagnies détachées.

X X X.

CEUX qui auront été une fois licenciés, seront dispensés de servir dans les compagnies détachées, & seront seulement employés dans les compagnies du guet, à moins qu'il ne se trouvât point dans leurs paroisses d'autres hommes en état de faire le service dans lesdites compagnies détachées, auquel cas ils seroient obligés de reprendre le tour du sort.

X X X I.

LE tirage au sort dans les paroisses Garde-côtes, pour les remplacemens qui seront à y faire d'une année à l'autre, sera fait en présence des Officiers de l'État-major de la Capitainerie pour laquelle le remplacement se fera, & des Officiers du Guet de chaque paroisse, & du Commissaire affecté au département, de manière qu'au mois de mars de chaque année lesdites compagnies détachées soient complètes à cinquante hommes.

X X X I I.

CHAQUE Capitaine choisira dans les cinquante hommes

dont fa compagnie fera compofée, ceux qui lui paroîtront les plus capables de remplir les places de Sergens, Caporaux, Anfpeffades, Canonniers & Tambours ; & fera tenu ledit Capitaine de les faire approuver par le Capitaine général de la Capitainerie.

X X X I I I.

Il fera remis au fieur Intendant de la province & au Major de chaque Capitainerie un regiftre fur lequel, le nom, l'âge, la demeure & le fignalement de chaque Milicien Garde-côtes fera enregiftré compagnie par compagnie. Les changemens qui arriveront dans lefdites compagnies y feront marqués exactement, & ledit regiftre fera repréfenté à l'Infpecteur lors de fes revûes.

X X X I V.

Il fera établi deux Commiffaires pour la police defdites vingt Capitaineries, lefquels fous les ordres du fieur Intendant de la province, procéderont aux remplacemens & revûes dans la forme prefcrite par les articles XXVIII, XXIX, XXX & XXXI de la préfente ordonnance.

X X X V.

Veut Sa Majefté que pour dédommager lefdits Commiffaires des dépenfes qu'ils feront obligés de faire à l'occafion de leur fervice, il foit payé à chacun par année la fomme de deux mille livres fur les fonds levés & affectés par les États de la province pour l'entretien des Milices Garde-côtes.

X X X V I.

L'Inspecteur & le Commiffaire du département feront chaque année deux revûes générales des compagnies détachées de chaque Capitainerie, l'une dans les mois d'avril & de mai, & l'autre dans ceux d'octobre & de novembre :

ils avertiront à l'avance le Capitaine général de la Capitainerie du jour qu'ils auront fixé pour ladite revûe d'infpection dans fa Capitainerie, à l'effet par ledit Capitaine général de faire affembler au jour indiqué les dix compagnies détachées de fa Capitainerie au lieu qui fera défigné par le règlement énoncé en l'article II ci-deffus, & ledit Infpecteur après chacune defdites revûes en enverra l'extrait au Secrétaire d'État ayant le département de la guerre.

X X X V I I.

EN cas de maladie ou d'empêchement de la part de l'Infpecteur, il fera commis un autre Officier par ordre de Sa Majefté, pour, en l'abfence dudit Infpecteur, faire lefdites revûes générales, defquelles il en enverra pareillement l'extrait au Secrétaire d'État ayant le département de la guerre.

X X X V I I I.

DANS chacun des dix mois pendant lefquels il ne fe fera point de revûes générales des dix compagnies raffemblées de chaque Capitainerie, il fera fait une revûe particulière & d'exercice de chacune defdites compagnies détachées, dans le lieu d'affemblée qui fera indiqué par ledit règlement énoncé en l'article II, laquelle revûe d'exercice fe fera par le Capitaine & le Lieutenant de chaque compagnie au commencement de chaque mois, un jour de Fête ou de Dimanche.

X X X I X.

LE Capitaine général, le Major & l'Aide-major de chaque Capitainerie, affifteront enfemble ou féparément auxdites revûes particulières, de manière que dans le courant de l'année, chacun d'eux ait été préfent au moins une fois à l'une des revûes d'exercice de chaque compagnie détachée; & le Capitaine général rendra compte tous les trois mois, au Gouverneur & au Commandant général de la province, defdites revûes particulières.

X L.

LES armes defdites compagnies détachées Garde-côtes, feront dépofées immédiatement après les revûes, dans le magafin établi dans le lieu d'affemblée de chacune defdites compagnies détachées; & ne pourront lefdites armes être tirées dudit magafin, fans une néceffité abfolue, que pour les revûes ou pour d'autres caufes appartenantes au fervice, fur les ordres du Capitaine général de la Capitainerie.

X L I.

IL ne fera pareillement délivré que fur les ordres du Capitaine général de la Capitainerie, de la poudre & des balles, auxdites compagnies détachées, même pour les exercices lors des revûes.

X L I I.

A la revûe générale d'octobre & de novembre de chaque année, l'Infpecteur ou celui qui aura été commis par Sa Majefté, pour faire lefdites revûes générales, en fon abfence, fera, en préfence du Commiffaire de chaque département, le licenciement ordonné par les articles XXIV & XXVIII ci-deffus, pour être enfuite procédé dans chaque paroiffe, au remplacement, ainfi qu'il eft porté aux articles XXVIII, XXIX, XXX & XXXI.

X L I I I.

TOUT Sergent, Caporal, Anfpeffade, Fufilier & Tambour des compagnies détachées, ne pourra, en temps de guerre, pendant les cinq années de fon fervice, s'abfenter de fa paroiffe pour plus de huit jours, fans une permiffion par écrit de fon Capitaine, & fera tenu en temps de paix & en temps

de guerre, de se trouver exactement aux revûes tant générales que particulières, sous peine de trois jours de prison,
contre ceux qui sans excuse ou empêchement légitime, manqueroient de se rendre aux revûes particulières; & de servir
pendant six ans, au lieu de cinq, contre ceux qui manqueroient
de se rendre aux revûes générales, & même de plus grande
peine en cas de récidive dans les deux cas.

X L I V.

Tous les Sergens, Caporaux, Anspessades, Fusiliers &
Tambours des compagnies détachées, jouiront en temps de
paix comme en temps de guerre, de l'exemption de la corvée
pour la réparation des grands chemins, & ce pendant le temps
seulement qu'ils seront de service dans lesdites compagnies,
bien entendu que ladite exemption n'aura lieu que pour leur
personne, & non pour *leurs chevaux*, lesquels néanmoins ne
pourront être commandés les jours que les Miliciens Garde-
côtes détachés seront de service, se trouvant alors hors d'état
de les conduire eux-mêmes.

X L V.

Veut Sa Majesté, qu'à chaque revûe générale, il soit
payé trois jours de solde aux compagnies détachées, à raison
pour chaque jour, de trois livres au Capitaine, vingt-cinq
sols au Lieutenant, dix sols à chacun des deux Sergens,
sept sols six deniers à chacun des trois Caporaux, six sols
six deniers à chacun des trois Anspessades & au Tambour,
& cinq sols six deniers à chacun des quarante-un Fusiliers,
Canonniers ou Aides-canonniers, sur les fonds levés &
affectés par les États de la province, pour l'entretien des
Milices Garde-côtes.

X L V I.

Les états d'appointemens desdits Officiers de l'État-major,

ordonnés par l'article XVI ci-deffus, & ceux de la folde des compagnies détachées aux revûes générales, feront arrêtés tous les fix mois par l'Intendant de la province, & payés lors d s deux revûes générales, par les commis du Tréforier de la province; & lefdits états d'appointemens & de folde, enfemble les comptes de payement d'iceux, feront envoyés après chaque revûe générale, par l'Intendant de la province, au Secrétaire d'État ayant le département de la guerre.

X L V I I.

LE fervice des compagnies détachées Garde-côtes, fera réglé en temps de guerre, par le Gouverneur général ou Commandant général de la province, fuivant l'exigence des cas; s'il eft fait des détachemens aux corps-de-garde de défenfe & aux batteries, ils feront relevés au moins tous les quatre jours; & fi le befoin exigeoit plus de quatre jours de fervice dans le mois par le même détachement, il feroit pourvû à la folde defdits détachemens, à commencer du cinquième jour de fervice, jufqu'à celui auquel ils feroient relevés, & ce fur le pied porté par l'article XLV, fur le fonds de l'Extraordinaire des guerres.

X L V I I I.

DANS le cas où les compagnies détachées feroient af-femblées extraordinairement pour la défenfe & la garde de la côte, veut Sa Majefté, qu'il foit payé fur le fonds de l'Extraordinaire des guerres, aux Officiers de l'État-major defdites compagnies, pour chaque jour, à raifon de fix livres aux Capitaines généraux, de quatre livres aux Majors, de trois livres aux Aides-majors, & ce indépendamment des appointemens mentionnés dans l'article XVI de la préfente ordonnance; la folde des Officiers & Soldats defdites com-pagnies, fera également payée fur le fonds de l'Extraordinaire

des guerres, pendant le temps defdites affemblées, conformément à l'article XLV de la préfente ordonnance, & ce
fur les revûes des Commiffaires des guerres.

X L I X.

Les habitans fujets au fervice de la Garde-côte, qui ref-
teront dans chaque paroiffe, après que les hommes qu'elle
devra fournir pour les compagnies détachées, en auront été
tirés, formeront une compagnie, laquelle fera nommée
Compagnie du Guet.

L.

Chaque compagnie du Guet aura un Capitaine par
paroiffe, & un Lieutenant par chaque cent hommes, dont
fera compofée ladite compagnie; & lefdits Capitaine & Lieutenant du Guet feront choifis parmi les principaux habitans
de la paroiffe, & feront nommés par le Capitaine général
de la Capitainerie, qui leur donnera des commiffions; &
lefdites commiffions feront vifées par l'Infpecteur, & approu-
vées par le Gouverneur général ou le Commandant général
dans la province.

L I.

Les compagnies du Guet ne feront affujéties à aucun fervice
en temps de paix; les habitans defdites paroiffes feront feulement tenus de s'affembler chaque année, lors du tirage, pour
la contribution qu'elles auront à fournir aux compagnies détachées, & il en fera fait pour lors une revûe ou dénom-
brement, dont le rôle fera dreffé par les Syndics ou Marguilliers des lieux, conjointement avec le Capitaine & le
Lieutenant de la compagnie du Guet, & en préfence du
Commiffaire affecté à ce département; lequel rôle apoftillé
de l'âge, profeffion & taille de chacun des habitans, fera
remis par le Commiffaire à l'Intendant de la province, &

par lui envoyé par extrait au Secrétaire d'État ayant le département de la guerre. Le Capitaine de la compagnie du guet sera tenu d'envoyer un pareil rôle au Major de la Capitainerie.

L I I.

LESDITES compagnies du Guet seront assujéties en temps de guerre, à fournir aux corps-de-garde d'observation, les détachemens nécessaires, à l'effet d'y faire les signaux dont on sera convenu suivant les circonstances, de porter de poste en poste les paquets des Commandans sur la côte, & d'y réparer & entretenir les retranchemens.

L I I I.

LESDITS détachemens de corps-de-garde d'observation, feront relevés au moins tous les quatre jours, & feront ordonnés par le Capitaine général de la Capitainerie, après en avoir pris l'ordre du Gouverneur général ou Commandant général dans la province, & ils feront aux ordres des Officiers des compagnies détachées Garde-côtes, qui se trouveront être de service aux corps-de-garde de défense & aux batteries.

L I V.

L'ARMEMENT des Milices Garde-côtes, consistera, pour chaque Sergent ou Soldat, en un fusil avec la bayonnette, une cartouche avec sa bandoulière; Sa Majesté a dispensé & dispense les habitans desdites paroisses & communautés Garde-côtes, de se fournir d'armes, ainsi qu'ils y étoient assujétis de tout temps, & notamment par l'article VI du titre VI du livre IV de l'ordonnance de la Marine, du mois d'août 1681, & par l'article III du titre V du règlement du 28 janvier 1716, auxquels Elle a dérogé & déroge à cet égard.

L V.

AUCUN Milicien des compagnies détachées de la Garde-côte, ne pourra s'engager dans les troupes de terre ni de mer, pendant les cinq années qu'il fera employé dans lefdites compagnies, à peine d'y être arrêté & conduit dans les prifons de la Capitainerie, pour être jugé conformément à ce qui fera réglé par les ordonnances qui interviendront. Défend Sa Majefté à tous fes Officiers de terre & de mer, d'engager aucun defdits Miliciens, à peine de defobéiffance & de nullité de l'engagement.

L V I.

ENTEND Sa Majefté, que toutes les plaintes qui pour-roient furvenir à l'occafion du licenciement, foient portées au fieur Intendant de la province, pour y être ftatué fuivant l'exigence des cas; & que toutes les conteftations qui pour-roient naître pour raifon des exemptions, foient décidées par ledit fieur Intendant.

L V I I.

L'INSPECTEUR, les Càpitaines généraux & autres Officiers de la Garde-côte, de quelque grade qu'ils foient, ne pour-ront, dans toute l'étendue de leur département ou capitainerie, ni ailleurs, ordonner aucun charroi ni corvées aux villages & paroiffes, que fous l'autorité des Officiers généraux ou particuliers de la province, qui font en droit & en ufage d'en ordonner. Pourront toutefois dans les néceffités urgentes, ordonner ce qui fera abfolument néceffaire pour le fervice, à condition d'envoyer fur le champ auxdits Officiers généraux ou particuliers, copie de l'ordre qu'ils auront été obligés de donner, & un mémoire des raifons qu'ils auront eues de le faire, fous peine par ceux qui l'auront donné, d'en demeurer refponfables en leur propre & privé nom, s'ils fe trouvoient l'avoir donné mal-à-propos.

MANDE & ordonne Sa Majefté à Monf. le Duc de

Penthièvre, Amiral de France, Gouverneur & Lieutenant général en la province de Bretagne, au Commandant général & autres Officiers généraux employés fous leurs ordres, comme auffi à l'Intendant & Commiffaire départi, de tenir la main, chacun en ce qui les regarde, à l'exécution de la préfente ordonnance. FAIT à Verfailles le trente juin mil fept cent cinquante-neuf. *Signé* LOUIS. *Et plus bas,* LE M.ᴬᴸ DUC DE BELLE-ISLE.

LE DUC DE PENTHIÉVRE,

Amiral de France, Gouverneur & Lieutenant général pour le Roi en fa province de Bretagne.

VÛ l'Ordonnance du Roi de l'autre part, à nous adreffée, avec ordre de tenir la main à fon exécution; MANDONS & ordonnons à tous ceux fur qui notre pouvoir s'étend, de la faire exécuter, chacun en droit foi, fuivant fa forme & teneur, & aux Officiers des Amirautés, de la faire enregiftrer à leur Greffe. FAIT à Verfailles le cinq juillet mil fept cent cinquante-neuf. *Signé* L. J. M. DE BOURBON. *Et plus bas,* Par Son Alteffe Séréniffime. *Signé* DE GRANDBOURG.

A PARIS, DE L'IMPRIMERIE ROYALE. 1759.